LE REPENTIR
DE
FIGARO,
COMÉDIE
EN UN ACTE, EN PROSE;

PAR M. PARISAU.

Représentée, pour la première fois, à Paris, sur le Théâtre de l'AMBIGU COMIQUE, le 28 Juin 1784.

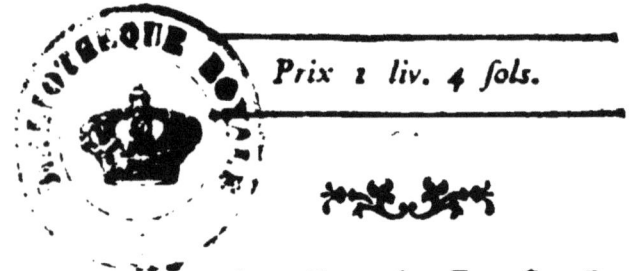

Prix 1 liv. 4 sols.

A PARIS,

Chez CAILLEAU, Imprimeur-Libraire, rue Galande, N°. 64.

M. DCC. LXXXV.

PERSONNAGES.	ACTEURS.
Le Comte ALMAVIVA.	M. Talon.
Don CHERUBIN, Page du Comte Almaviva.	Mlle. Ambroisine.
BARTHOLO, Médecin.	M. Varenne.
FIGARO, Barbier.	M. Maillé.
SUZETTE, Femme de Figaro.	Mlle. Julie.
ANTONIO, Jardinier.	M. Penancier.
PÉDRILLE, Valet de Figaro.	M. Philibert.

La Scène est à Madrid, dans la maison de Figaro.

TRAGEDIES et COMEDIES

Qui se trouvent chez CAILLEAU, Imprimeur-Libraire, rue Galande, N°. 64.

A.
Abdolonime ou le Roi berger.
A bon Chat, bon Rat.
A bon Vin point d'enseigne.
Absence du Maître. (l')
Ainsi va le Monde.
Amant de retour. (l')
Amour Quêteur. (l')
Amour Suisse. (l')
Amours de Montmartre. (les)
Anglais à Paris. (l')
Anglaise (l') déguisée.
Avocat Chansonnier. (l')

B.
Baignoire. (la)
Ballon. (le)
Bataille d'Antioche. (la)
Battus payent l'amende. (les)
Bienfaisans. (les)
Bienfait récompensé. (le)
Blaise le Hargneux.
Bon Seigneur. (le)
Bon Valet. (le)
Bonnes gens. (les)
Boniface Pointu.
Bons Amis. (les)
Bouquet d'Amour. (le)
Brebis (la) entre deux Loups.

C.
Cabinet de Figures. (le)
Cacophonie. (la)
Café des Halles. (le)
Ça n'en est pas.
Caprices (les) de Proserpine.
Carmagnole & Guillot Gorju.
Chacun son Métier.
Cent Ecus. (les)
Consultations. (les)
Corbeille enchantée. (la)
Colporteur supposé. (le)
Christophe le Rond.
Churchill amoureux.

D.
Danger des Liaisons. (le)
Daphnis & Zirphé.
Déguisemens Amoureux. (les)
Déguisemens. (les)
Dîneur Drame.
Devin par hasard. (le)
Deux (les) font la paire.
Deux Fourbes. (les)
Deux Sylphes. (les)
Dîne du Musc. (la)
Dindon rôti. (le)
Diogène Fabuliste.
Directeur (le) Forain.
Double Allégresse. (la)
Duc de Foix (le), Tragédie.
Dupes de l'Amour. (les)

E.
Ecole des Coquettes. (l')
Ecolier devenu Maître. (l')
Ecossaise. (l')
Ecouteur aux Portes. (l')
Emménagement de la Folie. (l')
Enfans. (les)
Enfant gâté. (l')
Enrôlement supposé. (l')
Esope à la Foire.
Espiéglerie amoureuse. (l')
Etrennes de l'Amour, de l'Amitié & de la Nature. (les)

F.
Fanfan & Colas.
Fanny.
Faux Talisman. (le)
Fausses Consultations. (les)
Fausses Infidélités. (les)
Faux Ami, Drame. (le)
Fédéric & Clitie.
Femme comme il y en a peu. (la)
Femmes & le Secret. (les)
Fête des Halles. (la)
Fin contre Fin.
Fête de Campagne. (la)
Folies à la mode. (les)
Fou raisonnable. (le)
Frères. (les deux)
Frères Ennemis (les), Tragédie
Frères. (les deux petits)

G.
Gâteaux (les)
Gibus cavalier.

H.
Héloïse (D'Angenis), Drame.
[illisible]
[illisible]
[illisible]
[illisible]

I.
Jacquot & Colas Duellistes.
Jacquot parvenu.
Janet chez le Dégraisseur.
Jeu [illisible] où les fautes ne payent pas toujours l'amende.
Jean qui pleure & Jean qui rit.
Jérôme Pointu.
Jeune Indienne (la)

I.
Il étoit tems.
Inconnue persécutée (l')

L.
Lanternes.
Lingère (la) ou la Péqueuse.

M.
Mal[illisible]
[illisible]
[illisible]
Manteau écarlate (le)
Mariage de Janot (le)
Mariage de Melpomène (le)
Margot la Bouquetière.
Mari [illisible] à deux femmes.
Marseille sauvée, Tragédie.
Matinée (la) du Comédien.
Melise & Linsor.
Mensonge [illisible]
Négrité (la [illisible])
Mère de Famille (la)
Momus Philosophe.
Muticomanie (la)

N.
Naufrage d'Amour (le)
Nègre blanc (le)
Ni l'un ni l'autre.
Nouveau parvenu (le)
Nœud d'Amour (le)
Nouvelle Omphale (la)

O.
Oiseau de Lubin (l')
Oiseau (l') de Proie.
Ombres (les) anciennes & modernes, ou les Champs Elisées.

On fait ce qu'on peut.
Oui ou non.
Oraisseus, ou le nouvel Abeilard.
Pavillon dépavré (le)
Pied à la Gr[illisible]otte.
Permuteur (le)
Petites At[illisible]hes (les)
Pierre Bagnolet & Claude Pignolet
[illisible]
Pourquoi pas?
Pouvoir (le) des Talens.
Prince noir & blanc (le)

Q.
Quatre Coins (les)
Qu[illisible]
Quip[illisible] de l'Hôtellerie (le)

R.
R[illisible]moneur Prince (le)
Rends des Clercs (le)
R[illisible] Figaro.
Résolution (la) inutile.
Roméo & Juliette, Drame.
Rose & l'Epine (la)
Ruse inutile (la)

S.
Sabotier (le) ou les huit sols.
Sculpteur en Bois (le)
Serrail à l'encan (le)
Soi-disant Sage (le)
Soubrette rusée (la)
Sourd (le)

T.
Têtes (les) changées.
Thalie, la Foire & les Pointus.
Théâtromanie (la)
Tibere, Tragédie.
Tracasseries de Village.
Triomphe (le) de la bienfaisance.
Triput Comique (le)
Triste Journée (la)
Trois Aveugles (les)
Turcaret, de le Sage.

V.
Vannier (le) & son Seigneur.
Vendanges de Suresne (les)
Vénus Pèlerine.
Veuve (la) comme il y en a peu.
Vigne d'Amour (la)

W.
Wisht (le) & le Loto.

Z.
Zarine, Tragédie.

LE REPENTIR DE FIGARO,
COMÉDIE.

Le Théâtre représente un Sallon, on doit y voir d'un côté une porte de cabinet, une fenêtre à demi ouverte, & une malle de cinq à six pieds de long.

SCENE PREMIERE.
CHÉRUBIN, SUZETTE.

SUZETTE.

Entrez, petit fripon, entrez.

CHÉRUBIN.

Seule ?

SUZETTE.

Pour un moment.

CHÉRUBIN.

J'en profite. (*Il veut l'embrasser.*)

A

LE REPENTIR DE FIGARO,

SUZETTE.

Soyez sage, allons; paix! encore une fois, soyez sage & jasons.

CHÉRUBIN.

Nous jaserons quand nous n'aurons rien de mieux à faire. J'embrasse d'abord, & je recommence.

SUZETTE.

Depuis quand à Madrid?

CHÉRUBIN.

Depuis un quart d'heure.

SUZETTE.

Eh pourquoi?

CHÉRUBIN.

Pour n'être plus en Catalogne. J'y périssais. Il faut vous voir, vous aimer ou mourir. Je prenais ce parti-là; j'ai réfléchi qu'il serait toujours tems. J'écris au Comte Almaviva qu'un sémestre me sauvera la vie; Monseigneur me l'accorde; je pars, j'accours, hébergé tour-à-tour par Antonio, Bartholo, la belle Comtesse, qui s'ennuie dans la solitude d'*Aquas Frescas*, & je rapporte à Suzette un cœur qui ne peut s'enflammer que pour elle, n'être heureux que par elle, & qui compte sur toute son indulgence.

COMÉDIE.

SUZETTE.

Je commence par dire au petit fripon que je suis mariée.

CHÉRUBIN.

Ce n'est pas ma faute.

SUZETTE.

Je le sais bien, c'est la mienne. Ce Figaro, mon mari, autrefois si gai, si boutón, n'est plus le même; tracassier, brutal & jaloux, il n'a de plaisir que ceux qu'il m'enlève. Chaque jour ajoute à mon indifférence, chaque jour me fait mieux sentir qu'un mari qui n'est pas traité comme les autres, ne le doit pas toujours à la vertu de sa femme, & encore moins à ses précautions.

CHÉRUBIN.

Il est charmant, ce Figaro ! comme je l'aime !

SUZETTE.

A quel propos ?

CHÉRUBIN.

Ah ! je l'adore, puisque Suzette ne l'aime pas.

SUZETTE.

Quand cela serait, j'ai des principes, & lorsqu'on est sage....

A ij

CHÉRUBIN.

Sage!... Allons donc, quelle folie!

SUZETTE.

Ce petit coquin là ne croit pas à la sagesse des femmes!

CHÉRUBIN.

Pardonnez-moi, comme elles y croyent elles-mêmes. Mon adorable Suzette!...

SUZETTE.

Et d'ailleurs, si mon cœur était capable de sentimens tendres, ce ne serait pas pour un petit infidèle qui papillonne d'objet en objet, qui n'a....

CHÉRUBIN.

Qui? moi! Quelle calomnie! moi, la solidité même! Oh! je suis bien corrigé! je le suis pour jamais. Les Dames de Catalogne n'ont pas effleuré mon cœur; & depuis que j'ai quitté Suzette, je n'ai rien aimé, rien senti, rien désiré.

SUZETTE.

D'honneur?

CHÉRUBIN.

Foi de Page!

SUZETTE.

Me voilà joliment rassurée!.. Qu'entends-je?..

O Ciel!.. c'est Figaro qui rentre, je l'ai cru fort loin d'ici; c'est lui, je suis perdue! Quelle imprudence!.. où cacher l'étourdi?

CHÉRUBIN.

Par-tout; je tiens si peu de place.

SUZETTE.

Dans ce cabinet, & promptement.

CHÉRUBIN.

De tout mon cœur! je suis fait aux scènes de cabinet. Ma liberté le plus tôt possible. (*Il baise la main à Suzette, en tenant la porte entr'ouverte.*)

SUZETTE.

Laissez-donc ma main, laissez-donc ma main. (*il entre*) (*Figaro entre en faisant du bruit.*)

SCENE II.
SUZETTE, FIGARO.

SUZETTE.

Pourquoi donc ce bruit-là?

FIGARO.

Un mari n'en saurait trop faire quand il rentre chez lui; c'est un avis qu'il donne poliment à ceux qui ne seraient pas enchantés de le rencontrer.

SUZETTE.

Il me semble que tu pourrais te passer de cette précaution-là.

FIGARO.

Pourquoi?

SUZETTE.

Pourquoi? *Pourquoi* m'humilie. Je croyais mériter plus de confiance, d'estime & d'attachement.

FIGARO.

Je le croyais aussi ; nous nous abusions tous les deux.

SUZETTE.

Dis-moi donc à quoi je puis attribuer ton refroidissement? Suis-je bien différente de ce que j'étais quand tu m'aimais, me recherchais ; quand tu demandas ma main à Monseigneur?

FIGARO.

Différente! bien différente! prodigieusement différente! Les filles à marier se ressemblent toutes ; elles se passent de main en main le masque riant qui les déguise ; le bal finit, le masque tombe, & telle étoit bien avec son masque, qui, deux heures après, est très-mal avec son visage.

SUZETTE.

Que puis-je faire pour mériter?..

COMÉDIE.

FIGARO.

Ouais! ta douceur m'étonne aujourd'hui! Qu'est ce donc que ce ton soumis, patelin, caressant? Tu ne réponds ordinairement que par des traits d'humeur!.. Ah! tu ne me flagornes pas sans projet! Aurais-tu besoin de mon indulgence en cet instant; & m'en imposerais-tu?

SUZETTE.

Quoi! mon cher Figaro!..

FIGARO.

Mon cher Figaro m'en répond, tu me trompes.

SUZETTE.

En quoi?

FIGARO.

Tu me trompes, tu m'outrages! un amant a profité de mon absence. Ose le nier; tu rougis.

SUZETTE.

D'indignation. Puisque ma douceur, ingrat! éveille tes soupçons désobligeans, apprends qu'il m'est cent fois plus aisé de me livrer à toute ma colère, que de me contraindre pour ne pas éclater. Tu crois que je te trompe! eh bien! parle, demande, interroge; je suis entourée d'*Argus* voués à ta jalousie!.. mais non; tu dis bien; j'aime; j'ai reçu chez moi cet amant qui t'alarme, tu l'as surpris, il est caché, cherche, il ne peut t'échapper; cherche donc: il est peut-être dans ce cabinet-là.

FIGARO (*fait quelques pas & revient.*)

Rusée! tu ne m'engagerois pas à l'y chercher, si tu n'étais pas aussi sûre que je ne pourrai l'y rencontrer.

SUZETTE.

Non, Monsieur, non, je n'en suis pas sûre; j'ai même de fortes raisons pour croire qu'il est là. Cherchez par-tout; commençons par ce cabinet; je l'exige; il le faut. (*Elle court au cabinet, Figaro l'arrête.*)

FIGARO.

Et moi, je ne le veux pas. (*Il tire la clef du cabinet.*) Je m'en rapporte à toi.

SUZETTE (*tombe dans un fauteuil.*)
Ah! Ciel!

FIGARO (*croyant qu'elle se trouve mal.*)
Qu'est-ce donc? Suzette! Suzette!

SUZETTE.

Laissez-moi; vos soins agraveraient encore l'état affreux où vous me réduisez.

FIGARO.

Quoi! parce que je retire la clef de ce cabinet! eh bien!.. je la remettrai; j'y consens, entrons-y.

COMÉDIE.

SUZETTE (*vivement.*)

Non, Monsieur, non. Je ne serai pas continuellement le jouet de vos défiances injurieuses, insultantes & bizarres ! Tant d'injustice me révolte ; ma patience est à bout ; il faut finir ; il faut nous séparer.

FIGARO.

Fort bien ! au mieux ! oui, nous serons séparés, Mais sachez que j'ai gagné de primauté. Monseigneur passe aujourd'hui par Madrid : je l'ai fait prier de m'entendre ; il conciliera les choses en nous désunissant. J'ai fait tous mes arrangemens pour te quitter aujourd'hui ; mon départ est tout prêt ; cette malle que j'ai tirée de mon cabinet en est la preuve. J'emporte mes manuscrits, mes rasoirs, mes lancettes, pas un regret ; & ce soir je pars léger, heureux & content, sans argent, mais sans femme, & par conséquent sans chagrin. Voilà mes adieux. (*Il appelle*) Pédrille,

(*Pédrille entre.*)

SCENE III.
FIGARO, PÉDRILL

FIGARO.

REGARDE par la terrasse, si tu n'apperçois pas, sur le chemin *del Caza del Campo*, le carosse, ou les couriers du Comte Almaviva.

PÉDRILLE.

Signor, c'est ce que je remarquais à l'instant. *Lorenzo* prétendait reconnaître les couleurs & les gens de *Don Roxas Periquillos las Cavalla navos Pugnis Montano de la Fuentes* ; moi, j'ai soutenu que c'était Monseigneur, & c'est effectivement sa livrée.

FIGARO.

Voyons! voyons!

SCENE IV.

SUZETTE, *seule*.

JE n'ai pas une goutte de sang dans les veines!.. mon assurance a tourné contre moi!.. plus de clef! plus d'espérance! & cet enfant! (*Elle appelle.*) Chérubin, Chérubin! où peut-il être? (*Suzette regarde par le trou de la serrure ; Chérubin pousse un volet & saute par la fenêtre dans la chambre de Suzette.*)

SCENE V.
CHÉRUBIN, SUZETTE.

CHÉRUBIN.

Aux pieds de fa Suzette!

SUZETTE.

Par où avez-vous donc paſſé?

CHÉRUBIN.

D'une croiſée à l'autre.

SUZETTE.

Eh mais! c'eſt incroyable! c'eſt un petit ſerpent!.. Imprudent! vous êtes témoin de la ſcene affreuſe que vous m'attirez! Comment finira-t-elle? il rentre tout-à-l'heure. Le cabinet fermé! plus d'aſyle! où ſe cacher? par où ſe ſauver pour n'être pas rencontré?

CHÉRUBIN.

Par la fenêtre; le chemin n'eſt pas fréquenté.

SUZETTE.

Je n'y conſentirai pas; arrêtez, Chérubin, il m'aſſaſſine.

CHÉRUBIN.

Prenons un parti, car j'entends du bruit. A qui cette malle-là?

SUZETTE.

C'est à Figaro.

CHÉRUBIN.

Peu m'importe, elle est vide, il faut y mettre un Page. Sauve qui peut; je retiens mon haleine, & dussai-je étouffer, il n'en saura rien.

(*Il se met dans la malle, & la ferme sur lui.*)

SUZETTE.

Je suis dans un effroi!.. (*Figaro rentre.*)

SCENE VI.
SUZETTE, FIGARO.

FIGARO.

C'étoit le Comte Almaviva lui-même! Le voilà qui descend de son carosse!

SUZETTE.

Je me retire un moment; j'ai besoin de me remettre un peu de l'agitation que vous m'avez causée, pour être en état de me justifier à ses yeux.

(*Elle sort.*)

SCENE VII.

FIGARO, *seul.*

Profitons des bonnes dispositions du Comte & de la colere de Suzette, pour reprendre ma liberté. Je serai si content de m'appartenir encore une fois, & de dérober mon front au joug de mon orgueilleuse & difficile moitié. *Ma moitié!* ce mot-là m'a toujours paru plaisant! car ce n'est jamais qu'en perdant cette moitié qu'un homme se retrouve enfin tout entier. Voilà le Comte, commençons éloquemment ma plainte.

SCENE VIII.

LE COMTE, FIGARO.

FIGARO.

Ah! Monseigneur, la protection des grands, notre mérite, & l'amitié d'une femme, sont trois choses dont on a toujours un peu moins qu'on ne se l'étoit imaginé.

LE COMTE.

Toujours de la philosophie, Figaro!

FIGARO.

C'est qu'il ne faut rien moins que cela pour me consoler d'être fou, ridicule & malheureux.

LE COMTE.

Comment es-tu tout cela?

FIGARO.

Je suis marié.

LE COMTE.

Est-ce un si grand malheur?

FIGARO.

Mes amis supportent le mien très-courageusement.

LE COMTE.

C'est toi qui l'as désiré. J'ai fait tout ce qu'il fallait pour t'empêcher de finir ce mariage.

FIGARO.

Il est certain que si Monseigneur l'eût commencé, je ne le finissais pas.

LE COMTE.

J'entends dire tant de bien du mariage de Figaro; on ne tarit pas sur les grâces de Susette, sur sa finesse aimable & légere, sa gaîté piquante & naturelle, l'amour qu'elle te témoigne!

COMÉDIE.

FIGARO.

Ah! Monseigneur, comme c'est joué!

LE COMTE.

Je ne conçois pas comment tu peux être malheureux, quand les apparences...

FIGARO.

Monseigneur dit bien; *les apparences!* C'est que les apparences en ont menti. Le mariage est comme la franc-maçonnerie; il n'y a que les freres qui sachent le secret.

LE COMTE.

Enfin, que peux-tu reprocher à Suzette?

FIGARO.

Des caprices, de l'humeur, des tons, de l'impertinence, de la coquetterie, en un mot, tout ce qui rend une jolie femme charmante à tous les yeux, hors à ceux de son mari.

LE COMTE.

Point d'intrigues?

FIGARO.

Point. Oh! pour cela non, Monseigneur. J'ai pourtant l'air de croire le contraire, parce que c'est toujours une occasion de gronder. Mais depuis que Votre Grandeur m'a fait l'honneur de vouloir la séduire, & n'a pas réussi, je crois être sûr que Suzette n'a pas bronché.

LE COMTE.

C'est un article très-capital que celui-là, mon cher, & qui mérite que tu lui passes ses petites inégalités. Il faut bien que la vertu d'une femme coûte quelque chose à son mari.

FIGARO.

La payer de son repos, c'est faire un marché de dupe. En un mot, je n'y tiens plus; & je ne vous ai prié de vouloir bien vous détourner un moment en passant à Madrid, que pour vous faire approuver la résolution de me séparer de ma femme dès aujourd'hui, s'il est possible.

LE COMTE.

Tu t'en repentiras; ce qu'on peut faire de pire quand on a quitté sa femme, c'est de la reprendre; & tu la reprendras. Je vois pour toi deux sottises.

FIGARO.

Eh! Monseigneur, quel est l'homme d'esprit qui peut se flatter de ne faire qu'une sottise à la fois?

LE COMTE.

Il me reste à demander si Suzette le desire également.

SCENE IX.

SCENE IX.

Les Précédens, SUZETTE.

SUZETTE.

Oui, Monsieur le Comte, c'est mon vœu, mon bonheur; obligez-nous tous deux, il ne m'aime plus; mais nous jouons à fortune égale, & si je l'ennuie, comme il me l'assure, j'ose vous certifier qu'il me le rend avec une parfaite indifférence.

FIGARO.

Vous voyez qu'on ne peut être mieux d'accord.

LE COMTE.

C'est en effet ce que j'admire.

FIGARO.

J'ai fait tout ce qu'il falloit pour accélérer notre désunion, & l'acte de séparation est dressé par moi-même, écrit de ma main tout entier, & signé *Figaro*; gros caractères, le tout embelli d'un large paraphe. (*Il fait un geste vif qui touche le Comte.*)

LE COMTE.

Une autre fois tu signeras sans paraphe.

B

SCENE X.

Les Précédens, PÉDRILLE.

Pédrille.

Une lettre pour Monseigneur.

Le Comte.

D'*Aquas Frescas!* De mon château, *très-pressée*; lisons-la donc: la perfide! Voilà mes soupçons justifiés!

Figaro.

Est-ce que cette lettre?.....

Le Comte.

Le traître!.. (*à Figaro.*) Insensé! tu te sépares de Suzette, qui n'a que de légers torts; & Rozine!.. & ma femme!.. ce que j'en apprends.....

Suzette.

Et par qui? Moi, je gagerois que Madame la Comtesse!..

Le Comte.

J'attache à ses pas, pour me rendre compte de toutes ses démarches, un homme que je paye, aux dehors, d'une considération apparente, & dans le fond de mon ame, d'un mépris qu'il ne me vole assurément pas, un fripon qui m'est nécessaire; Basile.

FIGARO.

Il suffisait de le nommer. Basile est un de ces gens à qui on ne peut rien dire de pis que leur nom.

LE COMTE.

Ce Basile !.. Mais révélerai-je la honte de Rozine... Sans doute, cette honte est la sienne, & je ne lui dois aucun ménagement. Voilà ce que m'écrit Basile; écoutez: « *Samedi passé, je me promenais autour du cabinet; j'entrai dans le berceau du Pensador, & j'entendis causer deux personnes qui se disaient des choses très-obligeantes. Un peu de bruit que je fis dérangea le tête-à-tête; on se sépara précipitamment, & je heurtai Don Chérubin...*

SUZETTE.

Don Chérubin!..

LE COMTE, *appuyant.*

Don Chérubin, l'ancien Page de M. le Comte, qui ne me paroît pas aussi bien corrigé qu'il nous l'a mandé. Je n'assurerais pas que l'autre personne fût Madame la Comtesse, que je respecte infiniment; mais je suis sûr que c'était sa marche, sa voix, & ses traits même que je reconnus au clair de la lune. » Ingrate! j'en aurai vengeance; & toi, scélérat, amoureux Chérubin, tu sauras s'il t'est permis de t'adresser impunément à la femme de ton maitre!

FIGARO, *ironiquement.*

Audacieux! il t'appartient bien! oser aimer une femme de qualité, quand tu n'as, pour mériter son choix, que de la beauté, de l'esprit, des grâces, de la jeunesse; & qu'un beau nom suffirait à peine pour excuser cette témérité.

SCENE XI.

LES PRÉCÉDENS, PÉDRILLE.

PÉDRILLE.

ANTONIO, Fermier & Jardinier de Monseigneur, demande la permission d'entrer.

FIGARO.

Mon oncle?

LE COMTE.

Qu'il entre!

SCENE XII.

Les Précédens, ANTONIO.

FIGARO.

Bonjour, mon très-cher oncle Antonio!

ANTONIO.

Bon jour, Figaro! Dieu te gri'e, ma Suzanne! Monseigneur!

LE COMTE.

Qui t'amene à Madrid?

ANTONIO.

Monseigneur, je venons vous demander justice; car enfin, Monseigneur, ça n'est-il pas en ligne?

LE COMTE.

Et quoi?

ANTONIO.

Ce que j'allons vous raconter.

LE COMTE.

Commence donc par le raconter.

ANTONIO.

Vous savez bien, Monseigneur, que Janeton est ma fille.

Contraste insuffisant

NF Z 43-120-14

LE REPENTIR DE FIGARO,

LE COMTE.

Je le sais, parce qu'on me l'a dit.

ANTONIO.

C'est aussi comme ça que je l'sais. Tant y a que je l'i fis comme ça l'autre jour : Fanchette, va nous cueillir des fraises; alle y court, & v'là qu'alle ne revient pas. Moi qui sais qu'alle ne tarde jamais tant que lorsqu'alle s'amuse long-tems en chemin, j'y vas pour la faire dépêcher. Je ne sais pas ce qu'alle cueillait depuis une heure; mais il était là lui qui batifolait autour d'elle, derriere un buisson d'aubépine. Dans la colere où ça m'a mis, j'me sis renvarsé pour li bailler le meilleur coup de poing que j'ayons jamais eu pour notre compte; & morguenne! il le recevait dà! s'il ne l'avait pas esquivé.

LE COMTE.

Mais, qui donc? Tu ne m'as pas encore nommé le personnage.

ANTONIO.

Pargué! ça peut y être un autre parsonnage que ce Page gringalet, Chérubin?

SUZETTE, *à part*.

Chérubin! Le traître!

LE COMTE

Chérubin! Comment, je n'entendrai parler que de ce maudit Chérubin! Son nom ou lui me pour suivront par-tout!

ANTONIO.

Il faut que Monseigneur lui défende absolument d'être aimé des jeunes filles, ou qui me parmette de l'assommer quand je l'i surprendrons.

LE COMTE.

Oui, je te le permets, je t'en prie, je te l'ordonne. Débarrasse-moi de ce nom-là. Qu'il ne me soit plus prononcé!

ANTONIO.

C'est bon... y n'a qu'à ben s'tenir.

SCENE XIII.

Les Précédens, BARTHOLO.

PÉDRILLE.

Monsieur le Docteur Bartholo.

FIGARO.

Mon pere! Et par quel hasard?

SUZETTE.

Autre frayeur!

FIGARO.

Ah! mon pere, j'ai bien peur que vous ne veniez recevoir mes adieux.

BARTHOLO.

Je che..che Monsieur le Comte Almaviva.

FIGARO.

Le voilà.

BARTHOLO.

Monseigneur, je viens vous raconter ma douloureuse aventure; vous jugerez...

LE COMTE.

Je jugerai; mais tous ces gens-là me prennent décidément pour un Juge.

FIGARO.

Eh! Monseigneur, c'est qu'ils vous croyent très-juste.

LE COMTE.

Eh bien, Docteur!

BARTHOLO.

O tempora! Monseigneur! (*à Figaro.*) *O mores!* mon ami!

LE COMTE.

Pas de citations! au fait!

BARTHOLO.

Le fait! c'est que ma femme m'a trahi, & qu'indubitablement ell' m'a fait... (*Figaro éternue*) comme tu dis.

COMÉDIE.

FIGARO.
Ma mere! ô Ciel! O mon pere!

BARTHOLO.
La reconnoissance, l'habitude, un peu de fraîcheur encore, m'ont fait épouser Marcelline un peu tard; car le jour de nos noces elle eut cinquante ans. Sa conduite, depuis cet instant, n'a pas mérité le moindre reproche; il fallait qu'un maudit libertin brouillât ses principes par tout ce que la séduction a de plus dangereux pour l'innocence.

LE COMTE.
Miséricorde! & quel est le mortel assez abandonné de l'amour & des femmes?...

BARTHOLO.
Le Page de l'année passée: l'infernal Chérubin.

LE COMTE.
Encore le Page!.. L'incroyable Page!

SUZETTE.
Je suis indignée!

BARTHOLO.
Le Page lui-même, oui, Monseigneur, à cinquante-deux ans, & sans y être obligé; vous voyez bien que c'est à moi qu'il en veut.

LE COMTE.

Mais, Docteur, pourquoi l'avez-vous reçu chez vous ?

BARTHOLO.

Il est venu sous prétexte de me consulter sur sa santé, qu'il m'assurait être très-faible, & vous sentez qu'il mentait effrontément. Je l'ai surpris caché, recueilli, pelotonné dans l'étui d'une vieille contre-basse, dont je racle de tems en tems pour me mettre en gaîté. Je demande justice de son insolence, & sûreté pour la suite ; car enfin, Monseigneur.....

LE COMTE.

Soyez tranquille, il n'y retournera pas. C'est moi qui vous en réponds. Figaro !

FIGARO.

Monseigneur !

LE COMTE.

Et de trois ?

FIGARO.

Je n'osais pas compter Madame la Comtesse ; mais le calcul de Monseigneur est juste.

LE COMTE.

Es-tu content de ta femme ? Et crois-tu que sa fidélité ne rachete pas les petits chagrins qu'elle peut te donner d'ailleurs ?

COMÉDIE.

FIGARO.

Tout ce dont je suis témoin m'éclaire tellement à cet égard, que si ma Suzette y consent, pénétré de repentir, je tombe à ses pieds comme un sot, & je me mets à sa merci.

BARTHOLO.

Comment ! est-ce que ses torts ?..

FIGARO.

Oui, mon pere, j'étais fou, je la quittais, j'allais partir, j'en rougis. Que cette malle, un des préparatifs de mon départ, rentre à jamais dans mon cabinet... Laissez, mon oncle ; je la porterai bien tout seul ; elle est légere, car elle est vuide. Légere ! elle ne l'est point du tout. Je n'ai pourtant rien enfermé dedans, j'ai bonne mémoire. (*Il l'ouvre.*) Ah ! Ciel ! un homme ! Que l'enfer le confonde ! c'est le Page.

TOUS.

Le Page !

ANTONIO, *allant ouvrir la malle.*

C'est lui.

BARTHOLO.

C'est lui.

LE COMTE.

C'est lui. Le démon est l'agent de ce petit coquin-là. Scélérat, tu t'es parfaitement corrigé !

FIGARO, à *Suzette.*

Perfide!

ANTONIO & BARTHOLO, à *Chérubin.*

Libertin!

SUZETTE.

Malheureux!

LE COMTE.

Que faisais-tu dans la malle de Figaro?

CHÉRUBIN.

J'enrageais, Monseigneur.

LE COMTE.

Et qui t'a mis là?

CHÉRUBIN.

C'est Figaro.

FIGARO.

Menteur effronté, c'est moi?

CHÉRUBIN.

Certainement, sans toi je ne m'y serais pas caché.

FIGARO.

Traîtresse! tu ne l'ignorais pas; & c'est toi!..
Les infâmes sont d'intelligence!.. Ma fureur!..
Et moi, qui me félicitais bêtement de sa sagesse,

j'avais bien choisi le moment. (*au Page.*) Séducteur! ennemi de notre repos à tous!..

LE COMTE.

Figaro! de la modération!

FIGARO.

Je reconnais mon étoile à tout ceci, Monseigneur; je suis né coëffé. (*au Page.*) Encore une fois, dis-moi donc...

ANTONIO.

Laisse moi commencer, t'auras ton tour... (*au Page.*) Et Fanchette, morgué, que tu m'as...

BARTHOLO.

Moi, je lui pardonne. Fanchette, elle est de son âge, c'est une ancienne connoissance; mais Marcelline, la respectable Marcelline!...

LE COMTE.

Je lui passerais encore Marcelline; la facilité de ces sortes de conquêtes en est la punition; mais oser s'adresser à la Comtesse, & d'un cœur téméraire!..

FIGARO.

Madame est sa marraine! & je garantirais la pureté de ses sentimens. Mais Suzanne! Suzanne!

SUZETTE.

Personne ne se met en peine de prêter une excuse

aux apparences humiliantes qui déposent contre moi ; je n'en chercherai que dans ma seule innocence. Sois bien certain, Figaro, que cette aventure, qui ressemble au myſtere d'une intrigue découverte, n'a de cauſe que la peur d'alarmer ta tendreſſe, qu'un enfantillage ; & que Suzette eſt incapable de manquer à des devoirs qui lui ſont chers, parce qu'elle eſt ſûre que rien ne pourrait l'en dédommager. Tu vas me prouver ſi tu m'eſtimes, par la confiance que tu donneras à ma juſtification.

FIGARO.

Il ſerait bien dangereux que la fauſſeté fût ainſi perſuaſive, car je te crois, ſans héſiter. Pardonne-moi, reprends mon cœur, & rends-moi le tien.

SUZETTE.

Peux-tu croire qu'il ait ceſſé de t'appartenir un moment ?

BARTHOLO.

Fort bien ! mon cher Figaro, fort bien !

LE COMTE.

Je ſuis enchanté de ta conduite ; je ne te croyais pas ſi ſage.

FIGARO.

C'eſt que vous autres Dieux, Monſeigneur, vous ne nous priſez jamais ce que nous valons.

COMÉDIE.

LE COMTE, *au Page.*

Partez sur le champ pour rejoindre vos parens, & restez chez eux jusqu'à ce que mes ordres vous rappellent à votre Régiment ; mais en y retournant, ne passez pas par *Aquas-Frescas*.

ANTONIO.

Ni par Œnarès.

BARTHOLO.

Ni par les fauxbourgs de Madrid.

FIGARO.

Non, mais par Madrid ; viens chez moi, je t'y recevrai sans frayeur : si je ne suis pas sûr de toi, je le suis du cœur de ma Suzette, & cela suffit à ma tranquillité. (*A Suzette.*) Soyons heureux l'un par l'autre, & qu'on dise par-tout, ma foi ! pour le plaisir, l'esprit, la gaîté, l'originalité : *Vive le Mariage de Figaro !*

Lu & approuvé. A Paris, ce 1 Juin 1785.
SUARD.

Vu l'Approbation, permis d'imprimer. A Paris, ce 6 Juin 1785.
LE NOIR.

www.ingramcontent.com/pod-product-compliance
Lightning Source LLC
Chambersburg PA
CBHW060707050426
42451CB00010B/1315